Contraste insuffisant
NF Z 43-120-14

Illisibilité partielle

Valable pour tout ou partie
du document reproduit

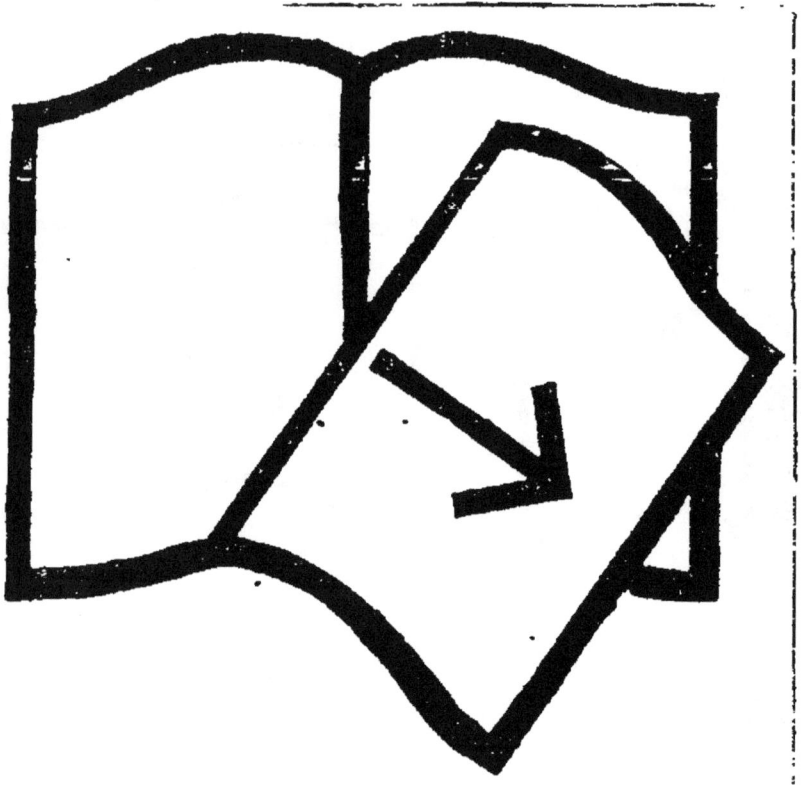
Couverture inférieure manquante

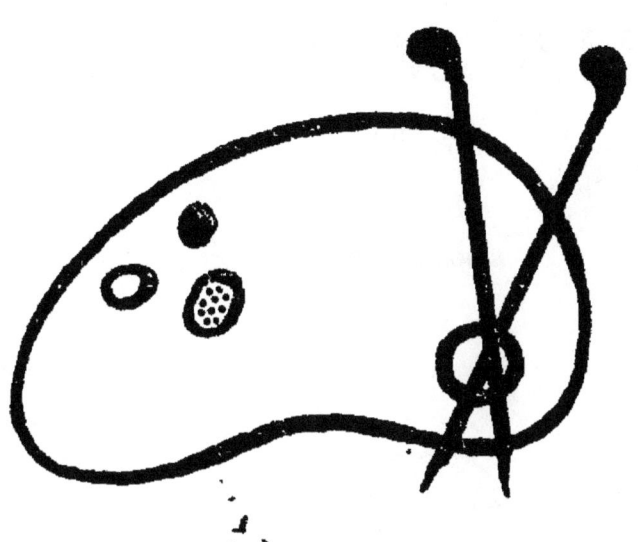

Original en couleur

NF Z 43-120-8

VOYAGE
DE
L'ABBÉ LEBEUF A CLAIRVAUX
EN 1730

PAR

Ernest PETIT

AUXERRE

IMPRIMERIE ET LITHOGRAPHIE DE GEORGES ROUILLÉ

1887

VOYAGE DE L'ABBÉ LEBEUF A CLAIRVAUX

EN 1730

Par M. Esnest PETIT.

Un manuscrit de la Bibliothèque nationale, fonds latin, n° 18,610, contient un cahier autographe inédit, in-4° de 40 pages, de l'abbé *Lebeuf* (1). C'est un voyage fait par lui à l'abbaye de Clairvaux, en 1730.

Nous devons la connaissance de cet intéressant document à M. H. Omont, qui avait pris la peine de le transcrire, de faire une carte de cet itinéraire et qui a bien voulu nous remettre le tout. Nous n'avons eu à ajouter que quelques notes et quelques identifications de noms de lieux.

Il est à remarquer que Lebeuf fit ce petit itinéraire après le *Voyage littéraire de deux bénédictins*, par dom Marlène et dom Durand, et treize ans après la publication du premier volume de cet ouvrage, édité en 1717.

Comme les deux bénédictins parlent des abbayes de Clairvaux, de Molème, de Quincy, des Minimes de Tonnerre, visités par Lebeuf, on peut suivre parallèlement le récit de chacun d'eux. Les Bénédictins (2) donnent une curieuse relation sur Clairvaux, et des détails précieux sur les tombes, mais la description des manuscrits que nous devons ici à Lebeuf est autrement exacte; on voit que la visite des livres était pour ce dernier le but principal de son voyage.

Les Bénédictins parlent aussi de l'abbaye de Molème (3), mais

---

(1) Ce voyage commence au folio 108 du n° 18610 précité, et va jusqu'au folio 127.
(2) Voyage littéraire, t. I, p. 96, 185.
(3) Voyage littéraire, t. I, p. 105.

ils se trompent lorsqu'ils signalent seulement sept ou huit prieurés d'hommes et autant de femmes qui dépendaient de ce monastère. D'après ce que nous avons dit nous-même ailleurs (1), le nombre des prieurés qui dépendaient de cette maison a été autrefois bien plus considérable. Martène et Durand consacrent à peine une demi-page à la description de ce monastère, et autant à l'abbaye de Quincy (2). Ils font une attaque très vive contre le cardinal Odet de Châtillon, qui en fut abbé, et qui, selon eux, aurait ruiné le monastère. Ces imputations ne sont pas justifiées. « On montre, disent-ils, dans l'église de Quincy, le tombeau de saint Gauthier, abbé du monastère, qu'on fait évêque d'Auxerre et martyr. »

L'abbé Lebeuf, dans son *Histoire d'Auxerre*, a prouvé que cet évêque d'Auxerre, qui d'après la légende serait décédé en 1244, ne peut avoir vécu à cette époque, puisqu'il n'y a pas d'évêque de ce nom pendant le XIII° siècle. Le *Gallia christiana* (t. IV, p. 830), parle également de saint Gauthier, abbé de Quincy et évêque d'Auxerre, décédé en 1244, suivant un titre moderne, mais sans autre document à l'appui. Nous croyons que la légende ne repose pas sur des bases bien solides, et voici nos raisons : Dans tous les titres relatifs à Quincy, réunis par nous pour en former le cartulaire, on ne rencontre aucun abbé de ce nom à cette époque, pas plus que d'évêque d'Auxerre. Il peut y avoir eu erreur de date dans le titre moderne précité. Le seul abbé de Quincy qui paraisse avec le nom de Gauthier dans des chartes authentiques, vivait en 1171 et 1172. L'année suivante Gauthier était déjà remplacé comme abbé de Quincy par un nommé Jean (3), inconnu aux auteurs du *Gallia christiana*. Toutefois Gauthier n'était point alors décédé, car dix ans plus tard, en 1182, on retrouve son nom dans les cartulaires de Citeaux, et notamment dans une charte délivrée à cette abbaye par Etienne, évêque d'Autun... *Gauterio quondam abbate Quinciaci* (4). Ce Gauthier était de grande maison. On peut être à peu près assuré qu'il était le plus jeune frère de Girard, comte de Mâcon et de Vienne, et de Étienne, comte de Bourgogne et d'Auxonne, et c'est grâce à cette parenté que ces puissants personnages dotèrent alors l'abbaye de Quincy de donations dont le Cartulaire conserve le souvenir. C'était déjà un Hugues de Mâcon, qui avait, le premier, porté la crosse abbatiale

---

(1) Ducs de Bourgogne de la race capétienne, t. I, p. 241 et suivantes.
(2) Voyage littéraire, t. I, p. 107.
(3) Cartulaire de l'évêché d'Autun, p. 36, 37.
(4) Archives de la Côte-d'Or, Cartulaire de Citeaux, n° 168, folio 43 v°.

de Pontigny ; il était naturel, suivant les habitudes féodales, que l'abbaye de Quincy, l'une des filles de Pontigny, fût régie par quelques membres de la même famille.

C'est à ce Gauthier seul que pourrait se rapporter la légende, et s'il fallait accepter la date de 1244 comme celle de sa mort, il faudrait aussi admettre qu'ayant été élevé fort jeune à la dignité abbatiale, il avait dû peu après résigner ses fonctions et mourir dans un âge exceptionnellement avancé.

Le certificat de piété que dom Martène et Durand (1) délivrent aux religieuses du Puits-d'Orbe, peut donner lieu à quelques incertitudes, après les révélations étranges qu'un autre bénédictin, dom Plancher, a insérées dans son *Histoire de Bourgogne* (2). Du reste, on peut recourir aux documents sur lesquels ce dernier auteur a travaillé, et qui se retrouvent tous dans la collection Bourgogne, à la Bibliothèque nationale.

Ce petit travail de Lebeuf méritait d'être publié, par suite de l'intérêt tout particulier qui s'attache aux productions du savant abbé. Ses correspondances avec Lacurne de Sainte-Palaye (3) et le président Bouhier (4), qui furent éditées ces années dernières, nous ont valu plusieurs lettres et des renseignements nouveaux qu'il n'est pas inutile de noter.

C'est ainsi que M. H. Omont nous a signalé une de ses lettres adressée à l'évêque d'Auxerre, à la date du 2 août 1729, sur la réformation des anciennes légendes. (Bibliothèque de Rouen, coll. Leber, n° 3,368, art. 6).

M. le comte de Lapparant nous a envoyé de Bourges, copie de deux lettres incomplètes de Lebeuf, datées l'une du 7 octobre, l'autre du 21 novembre 1731, et adressées à l'abbé Roger, doyen de la cathédrale de Bourges, qui était alors chargé de refaire le bréviaire berrichon.

Notre collection s'est enrichie d'une lettre du même, du 26 novembre 1735, adressée à Dunod, de Besançon, et d'une réponse de dom Plancher à Lebeuf, du 16 octobre 1725.

On nous a aussi indiqué, à la bibliothèque de Lille, une lettre de Lebeuf, au sujet du *Flores Psalmorum*, que possédait l'abbaye des Dunes, à Bruges ; mais cette lettre a été publiée par M. Leglay, dans le *Catalogue des manuscrits de la Bibliothèque de Lille*, p. 15 et 16.

(1) Voyage littéraire, t. I, p. 110.
(2) D. Plancher, t. I, p. 413, 429, Révolutions de l'abbaye du Puits-d'Orbe.
(3) Annuaire de l'Yonne, 1883.
(4) Bulletin de la Société des Sciences de l'Yonne, 1885, et tirage à part.

VOYAGE A L'ABBAYE DE CLAIRVAUX EN 1730.

Je me mis en chemin le 20 avril et pris la route de Saint-Florentin. Approchant de Vergigny (1) je trouvai un terrain sablonneux et plein d'eaux dormantes. Ce lieu est entre Pontigny et Saint-Florentin ; il est aquatique. n'est pas muré : on croit qu'il a été dit *Virginiacum*. L'église est sous le titre de Saint-Germain : le clocher en est nouveau, de figure carrée. Le bâtiment de l'église est simple, mais on y voit des fragments de vitrages qui sont du XIII° siècle (2).

J'appris, dans ce canton, que la rivière d'Armençon, que j'allois passer, est dangereuse, qu'elle emmène quelquefois des vignes situées sur des montagnes en sappant ces montagnes par le bas. Avant le bac est située la Magdelène, espèce de Maladerie ou Commanderie. L'église me parut être en bon état, et cependant elle servoit à mettre des branchages de saules.

Saint-Florentin (3), ville murée où il y a trois portes et un château. Le bâtiment de l'église est eniciastique, c'est-à-dire d'environ le commencement de l'avant-dernier siècle, vers le temps de

(1) Vergigny, canton de Saint-Florentin, arrondissement d'Auxerre, commune de 495 habitants.

(2) L'église de Vergigny offre encore aujourd'hui le même aspect que du temps de l'abbé Lebeuf, à l'exception des vitraux qui n'y sont plus. L'abside, éclairée par trois longues fenêtres ogivales, ne laisse pas supposer qu'à l'intérieur le chœur présente un ensemble monumental datant des premières années du XIII° siècle. Les voûtes ogivales forment deux travées régulières ; les moulures des chapiteaux sont d'une grande pureté. Il est impossible de méconnaître l'influence des artistes cisterciens qui présidèrent à cette construction, Vergigny étant à cette époque l'une des principales possessions de l'abbaye de Pontigny.

(3) Saint-Florentin, chef-lieu de canton de l'arrondissement d'Auxerre (Yonne). On a une histoire de cette petite ville, par Félix Pigeory, architecte. Paris, 1850, in-12, avec quelques plans et vues (Belle impression, texte médiocre). La partie la plus intéressante parle de la situation de l'église, des travaux à y exécuter et des rapports à ce sujet par Viollet-le-Duc, Mérimée, Caristie, etc. Voir, sur *Les Églises de Saint-Florentin*, un article de M. Salomon, *Bulletin de la Société des Sciences historiques et naturelles de l'Yonne*, 1859, p. 326-360. Israël Silvestre nous a conservé de cette petite ville une vue assez curieuse du milieu du XVII° siècle. — Les seigneurs eurent une certaine importance au moyen-âge. Boso de Saint-Florentin mourut avant 1035, laissant de sa femme Élisabeth, qui lui survécut, un fils Waldric ou Gaudri. Odo, vicomte de Saint-Florentin, paraît avec sa femme Agnès, de 1140 à 1147 environ. On leur connaît au

Louis XII ; il a croisié complette. On voit des galleries au chœur, dont les piliers sont proche l'un l'autre ; la dédicace en fut faite en 1497 par l'archevêque Tristan de Salazar ; le saint martyr patron est représenté à cheval sur le rétable de l'autel, qui est de pierre. Il y a au sanctuaire quatre piliers de cueur de biais ; j'y vis des tapisseries de Bergame et un méchant tableau au-dessus de chacune : en deçà de la croisée, il n'y a rien vers l'occident. Saint Florentin n'est patron que du prieuré ; j'ay appris qu'en cette ville, bien fournie d'avocats, il y en avoit pour et contre la Constitution.

En allant à Neuvy-Sautour (1), on trouve Chaing (2), hameau de cette paroisse : ce Neuvy n'est pas muré, le patron est saint Symphorien. Le chœur de l'église et la croisée sont couverts d'ardoises et travaillé de structure du XVI° siècle ; la nef est basse et a des ailes, les portails des deux cotez sont magnifiques, le sol..... est au portail septentrional, on ne tourne pas derrière le chœur et ce chœur n'a pas de galleries. Au bas de Neuvy est le château de Vauldrey ; la dame qui est fort pieuse se rend à pied à la paroisse. Je croy que c'est de ce Vauldrey qu'a été seigneur un capitaine de ce nom dont j'ai parlé dans mon histoire de la prise d'Auxerre (3). Je passai ensuite à Racines (4), pays de prez et de terres labourables ; saint Éloi est patron de l'église.

moins trois fils : le vicomte Rathier, Hugues et Eudes. Rathier figure dans les titres de 1140 à 1175 avec son épouse Ada. On leur connaît aussi trois fils : Odo et Hugues, morts jeunes, et Guillaume, qui vit de 1150 à 1206 environ, laissant d'Agnès de Noyers plusieurs enfants, Gui, Jean, etc. Gui se fit religieux de Saint-Germain d'Auxerre, et Jean eut pour fils Jean et Gaucher, qui continuèrent cette lignée. Nous n'avons pu mettre entièrement sur pied cette généalogie intéressante.

(1) Neuvy-Sautour, commune du canton de Flogny, arrondissement de Tonnerre (Yonne). Ce bourg important a eu des seigneurs, dès le XII° siècle, qui avaient le nom de *Sautor* ou *Sutor*, et qui paraissent dans nos cartulaires. Des Saultour la terre passa aux Chauvigny au XIV° siècle, puis à la maison des Essarts, au siècle suivant. Gabrielle des Essarts, sœur de Charlotte, maîtresse de Henri IV, l'apporta en dot à Charles de Tusseau, en 1606, d'où elle revint aux Vaudrey, en 1720. Voir dans l'*Annuaire de l'Yonne*, de 1845, une *Notice sur Neuvy-Sautour*, par M. Quantin.

(2) Chaing, hameau de la commune de Neuvy-Sautour, canton de Flogny (Yonne).

(3) D'après ce que nous avons dit plus haut, ce fait n'est point exact. Les Vaudrey ne possédaient Saultour que depuis 1620, et voulaient sans doute lui imposer leur nom. Jeanne-Gabrielle-Catherine de Vaudrey,

Hervi-le-Chatel, ou plutost Ervi (1), est situé sur une montagne d'où l'on apperçoit le thureau de Saint-Denis, proche Auxerre et il a forbourg des deux cotez. L'église paroissiale est du titre de saint Pierre; on m'y dit que le chœur étoit à réparer par le prieur de Montier-Herauld, membre de Saint-Germain d'Auxerre, décimateur des deux tiers, lequel prieuré est situé sur la même paroisse. Ce même chœur est élevé sans galeries, mais on tourne derrière. Il n'y a pas de croisée. La nef est basse, et n'a des chapelles que du côté méridional, et elles ont de beaux vitrages. L'une des chapelles est de Pierre Girardin, époux en premières noces d'une Perretel, et en secondes de Jeanne Le Clerc : Les armes de Girardin sont trois têtes de merles. Il a donné des livres de chant les plus beaux de cette église en 1536. (Je les vis). Au vitrage l'un de ses fils est représenté en soutane rouge, surplis par dessus et chausse noire sur l'épaule. Sur la porte de cette église est une inscription grecque de l'an 1607.

Les gens d'Ervi, me dit-on, se distinguent en l'art de faire des patez.

Au sortir d'Ervi j'allai au hameau de la Vacherie (2). Je vins ensuite à Davrey (3), pays de terres labourables et de prairies. Clocher en flèche. On me dit que le patron étoit les saints d'Araigne, et que la fête étoit entre la N.-D. de septembre et la Saint-Remi, d'où je conclus que ce pouvoient être les saints d'Agaune. (On m'a dit depuis que non.) Comme ce qui suit, ce lieu est du diocèse de Langres. Ensuite je passai à Avreuil (4), même terrain,

veuve du comte de Vaux, maréchal de camp, y résidait encore en 1789. Après son émigration, les terres furent vendues au profit de la nation. Le château fut démoli, et il ne reste que l'emplacement, appelé le *Clos de Saultour*. Voir *Annuaire de l'Yonne*, 1845, notice déjà citée, et *Annuaire de l'Yonne*, 1855, notice sur l'église de Neuvy-Saultour, dans le *Voyage pittoresque*, de Victor Petit, p. 500.

(4 *de la page précédente*) Racines, commune du canton d'Ervy, arrondissement de Troyes (Aube).

(1) Ervy, chef-lieu de canton de l'arrondissement de Troyes (Aube). Les seigneurs de cette maison au xiie siècle figurent fréquemment dans les titres de l'abbaye de Pontigny.

(2) La Vacherie, hameau du canton d'Ervy, arrondissement de Troyes (Aube).

(3) Davrey, commune du canton des Riceys, arrondissement de Bar-sur-Seine (Aube). *Daveri, Davriacum, Davreyum*, mentionné dès 1201. L'église, succursale de Chessy, était du doyenné de Saint-Vinnemer; elle est maintenant le siège d'une cure.

(4) Avreuil, commune du canton de Chaource, arrondissement de Bar-

Assomption fête patronale. Au sortir je passai une lieue de prez, puis dans des mouilleres, ensuite la Loge Ponbré (1), prieuré à La Grange. Église bâtie de charpente en croisée, dont saint Sébastien est patron : c'est un ancien secours de Cusangy. De là à une poterie. Après une lieue est Chaneval, dans une profondeur où il y a des sources.

CHAOURCE (2) est un lieu bien muré où tous les habitants sont renfermez sans qu'aucun soit dehors, sinon les hameaux. Il y a au bas de ce lieu des puits qui n'ont aucune profondeur ; aussi est-ce là que la rivière l'Armance prend sa source. Le bailly de M. Pidenu fait venir l'étymologie de ce lieu de *Château sur Source*, autrement de Chat et d'Ourse, qui sont ses armoiries. Ce doit être le contraire : car c'est à cause du nom qu'on a forgé ces armoiries consistantes en deux chats surmontant une ourse, ainsi que je les ai vus à un vitrage assez moderne de la paroisse, proche les fonts. J'ai oublié de remarquer le nom du saint patron de l'église aussi bien que le genre de bâtisse, mais voici les observations que j'ai écrites sur le lieu même. A droite du chœur, à un pilier à droite, sont accolées deux figures qui ont été prises à des mausolées où elles étoient couchées, et qui ont été dressées homme et femme. L'habit de l'homme lui vient à demie jambe, avec une ceinture qui va au genou, et il tient sa dague. Leurs armoiries sont écartelées de Moustier à trois tours et de.....

La chapelle du sépulchre s'appelle des Ragny, elle est au septentrion et a aussi trois tours pour armoiries (3).

_____

sur-Seine (Aube). *Ybrolium, Ebrolium, Evroliæ, Avrolium*, mentionné dès 1108, dépendait de la généralité de Paris et de l'élection de Saint-Florentin, en la province de Champagne. L'église était le siège d'une cure à la nomination de l'évêque, relevant du doyenné de Saint-Vinnemer.

(1) La Loge-Pomblain, commune du canton de Chaource, arrondissement de Bar-sur-Seine (Aube).

(2) Chaource, chef-lieu de canton de l'arrondissement de Bar-sur-Seine (Aube). *Cadusia, Cadurcia, Chaourcia*, paraît dès 877, lorsque le comte Eudes donna cette terre à Robert, son frère. Chaource devint ensuite, par une donation, la propriété des religieux de Montieramey. En 1160, le comte de Champagne leur acheta moitié de ce domaine, et céda des privilèges aux hommes qu'il avait dans cette moitié, en 1165. Il y avait un château dont il ne reste que des ruines. Lors de la réunion de la Champagne à la couronne, le domaine passa aux rois de France, qui l'engagèrent à divers seigneurs. L'église a été rebâtie en 1307 et consacrée par Jean, évêque de Gazelle *in partibus*, coadjuteur de l'évêque de Langres.

(3) Ces trois tours sont les armes des Chartraire, marquis de Raguy. Le titulaire actuel était Guy Chartraire de Saint-Agnan, conseiller au Par-

A droite du chœur, dans une chapelle peinte à fresque, de deux cents ans, sont peints plusieurs personnes à trois rangs au-dessous desquelles on lit, écrit en gothique :

Cy gisent Messire Henry de Mussy (1), *chevalier, et dame Isabeau de Pargues* (2), *sa femme, lesquels eurent par mariage vingt-trois enfants, sçavoir dix-sept fils et six filles et trépassèrent, 1373.*

Plus bas est une bande où sont trois guerriers à genoux et une dame, ayant leur patron chacun derrière eux. Lesdits guerriers sont revêtus de dalmatiques bleues semées de tours d'or, et on lit :

Cy gist Messire Jehan de Moustier, chevalier, sieur de Ballenod (3) *et de Chesley* (4), *chambellain du Roy nostre sire, qui trépassa le deux de novembre 1419.*

Cy gist noble homme Jehan de Moustier, fils de maistre Jehan de Moustier en son vivant seigneur de Chesley, Fontaines (5), *Cussangy* (6) *et Choisy, qui trépassa le 23 mars 1483.*

Cy devant gisent Claude de Moustier, chevalier, seigneur de Chesley, Cussangy, Chavigny, Monfey, Lasson (7), *Lantage* (8),

lement de Bourgogne, qui mourut le 30 juin 1732, laissant pour héritier son neveu et filleul, Guy Chartraire, qui épousa, en 1734, Marie, fille du ministre Chauvelin.

(1) Cette famille de Mussy est puissante au xive siècle et figure fréquemment parmi les notables personnages de Bourgogne. Eudes de Mussy, chevalier, était capitaine d'Avallon en 1360. Jean de Mussy, seigneur de Jours, était capitaine de Montréal en 1356. Voir *Histoire d'Avallon*, par Ernest Petit, p. 159, 166, 421, 419.

(2) Pargues, commune du canton de Chaource, arrondissement de Bar-sur-Seine (Aube). *Pargœ*, mentionné dès 1117, ressortissait de la généralité de Champagne et de l'élection de Bar-sur-Aube. Le domaine faisait partie de la seigneurie de Chaource.

(3) Balnot-la-Grange, canton de Chaource, dit aussi Balnot-Vaudron, mentionné dès 1147. Église du doyenné de Saint-Vinnemer, dont la cure était à la collation de Quincy.

(4) Chesley, canton de Chaource, *Chaliacum, Cheeleyum, Chesleyum*, mentionné dès 1100. Cure à la collation de l'abbaye de Molesme.

(5) Fontaines, canton et arrondissement de Bar-sur-Aube, mentionné dès 1149. Église succursale de Proverville.

(6) Cussangy, canton de Chaource, arrondissement de Bar-sur-Seine (Aube). *Cussangeyum*, mentionné dès 1162. Les dîmes s'y partageaient par moitié entre le curé du lieu et les chapelains de Chaource.

(7) Lasson, commune du canton de Flogny, arrondissement de Tonnerre (Yonne).

(8) Lantages, canton de Chaource, *Lantagium, Lantagiæ* mentionné dès 753, faisait partie du bailliage de Troyes.

capitaine de Chaource, qui trépassa le 7 mars 1510 ; et dame Jeanne de Leigny, sa femme, qui deceda le 2 février 1500, fondateurs de cette chapelle.

A la bande suivante on lit :

Cy gist Noble Charles de Moustier, seigneur de Chesley Estorvy (1) *..... et noble Damoiselle Marie de Vauldrey, sa femme.*

Saint Charlemagne est représenté comme son patron. Cette même église contient beaucoup de cuivres en balustrades de chapelles et en épitaphes ; j'y vis des livres Langrois de deux cents ans. Je vis aussi à la sacristie un calice d'Edmond Richer, de la forme de ceux du temps de Charles IX et Henri III, et j'y lus sous le pied ce qui suit : *Edmundus Richer, Cadusice natus, doctor Theologus Parisiensis, moderator Collegii Cardinalitii.* 1631. On me fit aussi voir sa chasuble de damas rouge, derrière laquelle sont ces deux lettres : E. R. Un avocat du lieu, nommé M. Parent, m'affirma que Richer étoit natif de Mez-Robert, hameau de Chaource, au couchant d'été, proche La Loge, qui est du diocèse de Troyes (2). Il y a à Chaource un collège dont la fondation a bien deux cents ans. Un M. Quentin y a été régent, il l'avait été à Verdun, puis à.....

Par-delà Chaource est le village de Lantage (3), qui est sans

---

(1) Étourvy, canton de Chaource (Aube) ; *Stolvicus, Estorviacus, Estorcum, Estorveyum*, mentionné dès 879, ressortissait de l'élection de Tonnerre et du bailliage de Troyes. Le domaine fut acquis au XIII° siècle par les comtes de Champagne, qui y possédaient un château. La seigneurie passa ensuite à la couronne de France avec la Champagne, et fut possédée par des seigneurs engagistes. Les dîmes étaient perçues par les religieux de Molosmes. Il reste encore le fût d'une colonne sculptée provenant d'une croix du XI° siècle, monument assez peu commun. La cure relevait du doyenné de Saint-Vinnemer et était à la collation de l'abbé de Molosmes.

(2) Cette assertion rectifie ce que dit Adrien Baillet, *Vie d'Edmond Richer*, 1714, in-12, p. 2, qui fait naître Richer à Chaource le dernier septembre 1560. Le Meix-Robert est une des communes du canton de Chaource, arrondissement de Bar-sur-Seine (Aube). *Mansus Roberti* ou *Mansum Roberti* a pris son nom de Robert comte, puis roi de France, qui en était seigneur et qui abandonna le domaine à l'abbaye de Montieramey.

(3) Lantages, commune du canton de Chaource, arrondissement de Bar-sur-Seine (Aube). L'église de ce village appartenait par moitié aux religieux de Molème, d'après une charte de Rainard de Bar, évêque de Langres, à la date de 1101, confirmée par une bulle du pape Eugène III, en 1145. (Cartulaire de Molème, 2° volume, folio 1 v° et folio 46 v°).

murs, l'église est titrée de Saint-Valentin, du 14 février, elle est comme dans un reste de fort dont il reste les fossez. J'y vis dans le Graduel manuscrit de l'an 1545, à l'endroit de la Fête-Dieu, un prêtre représenté à genoux ayant une soutane couleur de rose à manches violettes. J'y trouve un missel Langrois gothique petit *in-folio*.

M. Largeot, curé, paralytique de la langue. Je lus dans ce graduel susdit que l'abbaye de Molême doit à cette église du bled pour une procession qui se fait à la croix le 29 juin. Le village avoit été presque entièrement brûlé en 1723. J'y trouve cependant une auberge aux cornes.

Pralin (1), hameau qui en dépend, est situé sur une éminence. Le château paraît assez beau. Saint Parre, *Patroclus*, en est patron.

Villemorien (2) (ou Morienne), est un chétif village dans un bas. Il y passe un ruisseau. L'église est du titre de saint Germain, évêque d'Auxerre, basse et laide....

On monte et on laisse à droite la commanderie de Valeure (3), non marquée dans la carte. On voit à gauche, à sept lieues de là, la ville de Troyes, puis on descend dans Bar-sur-Seine.

(1) Praslin, commune du canton de Chaource, arrondissement de Bar-sur-Seine (Aube). *Pratolenum, Pratalenum, Pralanum*, mentionné dès 1179, relevait du bailliage de Troyes. La famille des Choiseul-Praslin y avait un château et une chapelle sous le vocable de Notre-Dame.

(2) Villemorien, commune du canton et de l'arrondissement de Bar-sur-Seine (Aube). *Villa Mauriana, Villa Morini, Villamoriana*, mentionné dès 721. A l'époque féodale, les sires de Polisy possédaient ce domaine, qui fut ensuite divisé entre plusieurs co-seigneurs, puis réuni tout entier, au XVIII° siècle, par la famille Legendre. Gauthier, évêque de Langres, oncle du duc de Bourgogne, donna, en 1163, l'église de ce village aux religieux de Moustier-Saint-Jean.

(3) Avaleur, commanderie à une lieue de Bar-sur-Seine, qu'on nommait aussi Avaleure, *Avaloria*, dépendait du gouvernement de Bourgogne. La commanderie y fut fondée, en 1172, par Manassès de Bar, évêque de Langres, pour les Templiers du grand prieuré de Champagne. Après l'extinction de l'ordre, la commanderie passa aux chevaliers de Malte. Le commandeur touchait 27 ou 28 mille livres de revenu sur les biens de la communauté avant la Révolution. Les villages d'Arrelles et moitié de Buxières en dépendaient. La chapelle fut abattue en 1645 par un coup de tonnerre, qui tua aussi plusieurs habitants. Parmi les commandeurs citons Guy Lebeuf, en 1529, et commandeur de Thors en 1557; Jean de Faulquier, en 1605; Edme Descrôt Duchon, en 1687; de Somnyèvre, en 1717; de Rachecourt, en 1780; de Clugny, en 1790. On trouve plusieurs titres intéressants sur cet établissement dans les Archives de l'Aube et dans celles de la Haute-Marne.

BAR-SUR-SEINE (1). — La forme de cette ville est celle d'un quarré oblong : elle a trois portes. La paroisse unique, titrée de Saint-Étienne, était autrefois hors la ville, au septentrion. A présent elle se trouve dans un coin de la ville peu passager. C'est un bâtiment du xvi° siècle, de ceux que l'abbé Chastelain qualifiait d'éniciastiques. Elle a une croisée sans portes, mais avec des galeries qui règnent aussi le long de la nef. On tourne au chevet en figure d'angle. Cette église est couverte d'ardoises. Au milieu est une flèche couverte de plomb et d'ardoises, avec quatre cloches. A droite, au portail, est une tour basse qui contient trois grosses cloches mal accordantes. Dans la chapelle située après la tour est un ecclésiastique à genoux, en surplis, ayant une soutane violette. Dans une autre chapelle de la nef, à gauche ou côté septentrional, est un vitrage représentant la vie de saint Roch, donné par Antoine Lausserrois en 1528. Cet homme y est figuré avec sa femme, Rose de La Ferté, et leurs enfans. D'eux descendent M. Le Prévost, cy devant de Bar-sur-Seine, dont le fils est avocat à Nogent-sur-Seine, sy étant marié et une damoiselle à Bar. Leurs armes sont aussi à la grande verrière du fond du chœur. Il y a au grand autel un tabernacle de cuivre en forme de tourelle ; on y monte au moyen de plusieurs marches qui sont en derrière. A l'entrée de la même église, à main gauche, est un chapitre de trois chanoines, sous le titre de Saint-Georges : ce n'est qu'une chapelle. Je vis encore dans cette église un vitrage donné par Guillaume Olivier vers l'an 1550. Ces Olivier n'étaient pas parens de ceux d'aujourd'huy, qui sont couteliers. A la chapelle du rond-point sont des vitrages donnez par les confrères du Saint-Sacrement. A la chapelle de saint Nicolas, qui est représenté avec une chappe d'étoffe sous l'aube sont figurez les trois écoliers dormans, et non pas frengans au sortir d'une cuvette. Ce qui prouve comme on a varié sur la fable. On voit enfin, dans le côté gauche ou sep-

(1) Bar-sur-Seine, chef-lieu d'arrondissement de l'Aube, a eu pendant la féodalité plusieurs générations de comtes. La première lignée des comtes du ix° et du x° siècle était jusqu'ici inconnue. Nous sommes parvenus à en découvrir quelques-uns : Raynaud, 896 ; Raoul, que nous croyons son petit-fils, et qui vivait de 950 environ à 980 ; Raynaud, fils de Raoul, mort peu après 997, le dernier mâle de cette maison, dont la fille Ermengarde apporta le comté dans la maison de Tonnerre, par son mariage avec Mile II, comte de Tonnerre, décédé vers 998. Ermengarde se remaria au comte de Vermandois, Herbert III, qui mourut en 1002 et vivait elle-même encore en 1048. (Voir notre *Histoire des Ducs de Bourgogne*, t. II, append. — Pour Bar-sur-Seine, consulter l'Histoire de cette ville, par M. Lucien Coutant.)

tentrion de cette église, une chapelle des Vigniers et des de Vienne.

Il y a en cette ville des Maturins et des Ursulines.

Au sortir de Bar-sur-Seine on passe un pont, on tourne dans des vallons. L'on a des vignes à gauche, un bois de hautes futayes à droite. On monte, puis on tombe à Bussière (1), lieu non muré dont saint Martin est patron. On apperçoit au-delà d'une rivière dite Arce, Ville-sur-Arce (2), dont saint Aubin est patron. Puis on laisse à droite Chevry (3) : saint Victor est dit patron, XI octobre ; cependant l'office est de celui de Marseille. Il y est mention de Maximien. On trouve ensuite Eguilly (4), dont saint Martin est patron, pauvre église. Le château qui a apparence par sa couverture d'ardoises, appartient à M. Leblanc, maître de forges de Vassy. On voit à droite Bretignelles (5), petit village du titre de saint Étienne. Suit du même côté de l'Arce, Vitry-le-Croisé (6),

---

(1) Buxières, commune du canton d'Essoyes, arrondissement de Bar-sur-Seine (Aube). Robert des Riceys était seigneur de ce village en 1101, et donna aux religieux de Molème une femme serve, nommée Aremburge, qu'il possédait du chef de sa femme (Archives de la Côte-d'Or, 1ᵉʳ cartulaire de Molème, folio 54, v°).

(2) Ville-sur-Arce, canton et arrondissement de Bar-sur-Seine (Aube). *Villa super Arciam*, mentionné dès 881. La terre, jadis aux sires de Polisy, fut depuis divisée entre divers co-seigneurs, parmi lesquels il faut compter les barons de Channay, les Chatenay, les Longueville.

(3) Chervey, commune du canton d'Essoyes, arrondissement de Bar-sur-Seine (Aube). *Chorveyum*, *Cherviacum*, mentionné dès 1101 ; cure à la collation de l'abbé de Montieramey. En 1842, on découvrit dans un jardin de ce village un vase de terre contenant 8,000 médailles aux types de Gallien, Valère, Maxime et Probus.

(4) Éguilly, commune du canton d'Essoyes, arrondissement de Bar-sur-Seine (Aube). Les moines de Molème y avaient quelques possessions, par une donation qui leur avait été faite du vivant de saint Robert, c'est-à-dire avant 1110, par un chevalier de Bar nommé Retroversus (Cartulaire de Molème).

(5) Bertignolles, commune du canton d'Essoyes, arrondissement de Bar-sur-Seine (Aube). Les seigneurs de ce pays ont été grands bienfaiteurs de Molème, au XIᵉ siècle. En 1080, Adeline, ses deux fils, sa fille et sa nièce donna aux religieux l'église de ce village, en présence de Gauthier de Brienne.

(6) Vitry-le-Croisé, commune du canton d'Essoyes, arrondissement de Bar-sur-Seine (Aube). Érard de Chacenay en était seigneur en 1206, et donna aux religieux de Molème droit d'usage dans ses bois de Vitry. Ce village, mentionné dès 1113, fut en partie donné aux Templiers au XIIᵉ siècle.

dont saint Bénigne est patron. Après Fontarce (1), qu'on laisse à droite, on trouve Brétigny (2), l'église Saint-Symphorien, puis Cauvignon (3), qu'on laisse à gauche.

BAR-SUR-AUBE (4). — On passe d'abord le pont pour y entrer. On y compte trois paroisses. Saint-Pierre est la première. Cette église est en croix, il y a galeries partout, mais bouchées par parties, et on tourne derrière le chœur. Le rond-point est en forme de chapelle de gothique simple naissant et en forme de talus. On a pratiqué de mauvaises peintures au fond de l'abside. V. g. une sainte Apolline, etc...... Il n'y a pas de jubé ; les orgues à côté gauche de la nef. Les fonts baptismaux sont en pyramide de cuivre ; je remarquai à l'autel trois coussins pour agenouiller les ministres à la *Prière*. C'est le nom qu'ils donnent au *Lætatus*. La tour est à côté de la croisée vers le midi.—

Saint-Maclou est une église canoniale et paroissiale construite en croix, sans galeries et sans passage derrière le chœur. C'est un gothique naissant, il y a un jubé. Au côté gauche de cette église est une tour la plus mal tournée du monde et qui est tout

---

(1) Fontarce, hameau de la commune de Vitry-le-Croisé.
(2) Bretigny ?
(3) Couvignon, commune du canton et arrondissement de Bar-sur-Aube. *Coventum, Covigno*, cité dès 1138. Le trésorier de Saint-Maclou était collateur de la cure, où il plaçait un vicaire avec le titre de curé, chargé de percevoir les dîmes de la paroisse.
(4) Voir *Histoire de Bar-sur-Aube*, de M. Chevalier, de M. d'Arbois de Jubainville. Le principal document à consulter pour les premiers comtes de Bar-sur-Aube serait le *Commentaire sur la vie de Saint-Simon*, dans les Bollandistes, t. VIII, p. 741 et suivantes. C'est le document le plus ancien qui les concerne, et cependant nous ne croyons pas à l'exactitude de la généalogie qui a été adoptée jusqu'ici par l'*Art de vérifier les dates*, par M. d'Arbois de Jubainville, etc. Selon la version la plus accréditée, les comtes héréditaires de Bar-sur-Aube descendraient d'un Normand nommé Achard, qui fonda, au xe siècle, la petite ville de la Ferté-sur-Aube. Il aurait eu, de sa femme Achardie, un fils, Nocher Ier, qui épousa, en 992, Alaïs ou Adelaïde, comtesse de Soissons, veuve en premières noces de Guy de Vermandois, mort après 989, dont elle avait eu un fils, Rainaud, qui devint comte de Soissons, après la mort de sa mère, vers 1047. De Nocher Ier Achardie eut un fils, Nocher II, qui fut comte de Bar-sur-Aube. Nocher II eut deux filles : Adelaïde hérita de Bar-sur-Aube et épousa Renaud de Semur, puis Rainaud ou Renaud, comte de Joigny et de Sens, en troisièmes noces Roger de Vignory et enfin Raoul III, comte de Valois. Isabelle épousa Gauthier de Clamecy, et mourut sans enfants, laissant la Ferté-sur-Aube à sa sœur. Il y a des points à revoir dans cette généalogie et des confusions de personnages.

de biais, contenant cependant quatre cloches. Au bas du grand autel sont sept grands chandeliers de cuivre et trois coussins pour le *Lœtatus*, dont j'ai parlé sur Saint-Pierre. Il y a vingt-cinq chanoines fondés par les comtes de Champagne au xii° siècle. Un Louis Chrestien, chanoine décédé en 1672, a fondé pour lui le *Memento*, le grand enfant de chœur va le nommer chaque jour. On m'a ajouté qu'il a aussi fondé le Repons de grandes festes par deux jeunes chanoines aux premières Vêpres, et par quatre anciens aux secondes. Le Graduel et l'Alleluia de la messe se chantent au jubé. L'autel de la paroisse est à côté droit en cette église.

La Magdelene, troisième église paroissiale, est en forme de croix, sans galeries et sans qu'on tourne derrière le chœur. Sur le milieu de la croisée est un gros clocher quarré de gothique naissant. Il y a un beau vestibule. A main gauche de la galerie de ce vestibule est en dedans une statue debout. On descend, pour entrer dans cette église, de même que dans les deux autres.

L'église des Cordeliers a deux ailes complètes, ce qui est rare. Ils ont au chœur de vieux livres gothiques. Il y a aussi à Bar-sur-Aube des Ursulines. Mlle Fraville, fille de..... y a pris l'habit.

Saint-Nicolas est un prieuré situé au midi de Bar-sur-Aube.

Sainte-Germaine est un autre prieuré du voisinage de cette ville. Dans ce dernier est le corps d'une sainte Germaine que la coutume est de transporter de sa chapelle en l'église de Saint-Maclou au commencement de l'été pour émouvoir à dévotion contre les mauvais accidents des orages. Il y est exposé au-dessus de l'autel jusqu'à la Saint-Remi, auquel temps on le reporte à sa chapelle. On en fait autant du chef sainte Honorée, conservé au prieuré de Saint-Nicolas.

Chemin de Bar-sur-Aube à Clairvaux. — On fait d'abord une demie lieue et on trouve Fontaines (1), lieu non muré. Ce Fontaines étoit de la paroisse de Proverville (2), au sortir de Bar, vers le chemin de Troyes. Un seigneur y bâtit une chapelle de Saint-Antoine, à côté de laquelle on a bâti une paroisse. Ce seigneur

---

(1) Fontaine, commune du canton et arrondissement de Bar-sur-Aube. Mentionné dès 1149, dépendance de Proverville.

(2) Proverville, commune du canton et arrondissement de Bar-sur-Aube. *Presbyteri villa, Provervilla*, mentionné dès 1159. La cure était à la collation du chapitre Saint-Maclou de Bar-sur-Aube, auquel elle avait été donnée vers le milieu du xii° siècle. La commanderie de Thors y possédait plusieurs domaines sur le finage, provenant de donations faites en 1454. Il y eut un Pierre de Proverville qui est dit aumônier du roi, en 1371.

repose entre les deux églises. Il y est nommé Ogier le Gruyer, seigneur de Fontaines, Longial, etc., et sa femme, Jacqueline de Bersenay. Ils sont dits decedez en 1525 et 1524.

Deux ou trois fontaines considérables naissent en ce lieu et se jettent aussitôt dans l'Aube. Une demie lieue plus loin est Baroville (1), non muré, saint Étienne patron. Clervaux y a des vignes et une maison vers le couchant qui a une certaine apparence. Le village est dans un creux. On monte puis on descend et l'on entre dans la grande allée ou avenue de Clairvaux, qui a une lieue d'étendue. En chemin on se voit quelquefois très près de niveau avec le sommet des arbres plantez dans des profondeurs. Les religieux ont là quinze mille arpens de bois.

CLERVAUX (2). — On trouve d'abord une cour fort longue où est le vieux monastère, dont la chappelle étoit fort simple : j'y vis sept stalles taillées à la serpe. Un escalier de même fait à la serpe. Six ou sept lits dans une chambre.

La cellule de saint Bernard, haute et à cheminée, les commoditez auprès, et le lieu de la pénitence où saint Guillaume couchoit sur du bois.

L'église a 169 pas jusqu'à la balustrade de la chapelle du fond, où est la B. Aalès, mère de saint Bernard. Cette église est sans galeries. Il y a seulement sous les vitres une porte. Elle est

(1) Baroville, commune du canton et arrondissement de Bar-sur-Aube. *Barovilla* est mentionné dès 1095. L'église fut donnée en 1361, avec les églises d'Urville et de Montheries, au chapitre de Saint-Maclou de Bar-sur-Aube, et les chanoines en avaient la collation ; puis elle fut, en 1607, annexée au même chapitre.

(2) Clairvaux, canton et arrondissement de Bar-sur-Aube. *Claravallis*, troisième fille de Citeaux, fondée en 1115. Les titres originaux sont aux archives de l'Aube, et quelques-uns aux archives de la Côte-d'Or, pour les domaines relevant de la Bourgogne. Les cartulaires sont à la bibliothèque de Troyes et à la bibliothèque nationale. Ces cartulaires son inédits, mais les institutions sont connues. On doit à M. d'Arbois de Jubainville un bon travail sur *Les Abbayes cisterciennes, et principalement Clairvaux, au XIIe et au XIIIe siècle*. Paris, 1868. Les titres sont précieux et donnent une foule de renseignements sur les familles féodales de la contrée, relevant jadis du comté de Champagne et du duché de Bourgogne. Nous reprochons aux cartulaires, qui contiennent, il est vrai, un nombre considérable de pièces, d'avoir abrégé un peu trop la rédaction des documents originaux, et d'avoir supprimé trop de noms des témoins. La rédaction des chartes originales donne un texte qui est double et parfois triple de la copie correspondante relatée au cartulaire. Il est donc toujours préférable d'avoir recours à ces originaux.

pavée de quarreaux seulement. Les stalles ont bien cinq cents ans et sont fort enfoncées. Le fond de l'abside est orné de mauvaises peintures, comme celui de Saint-Pierre de Bar-sur-Aube. Il y a derrière l'église, assez loin, la chapelle dite *de la pause de la Sainte-Épine.*

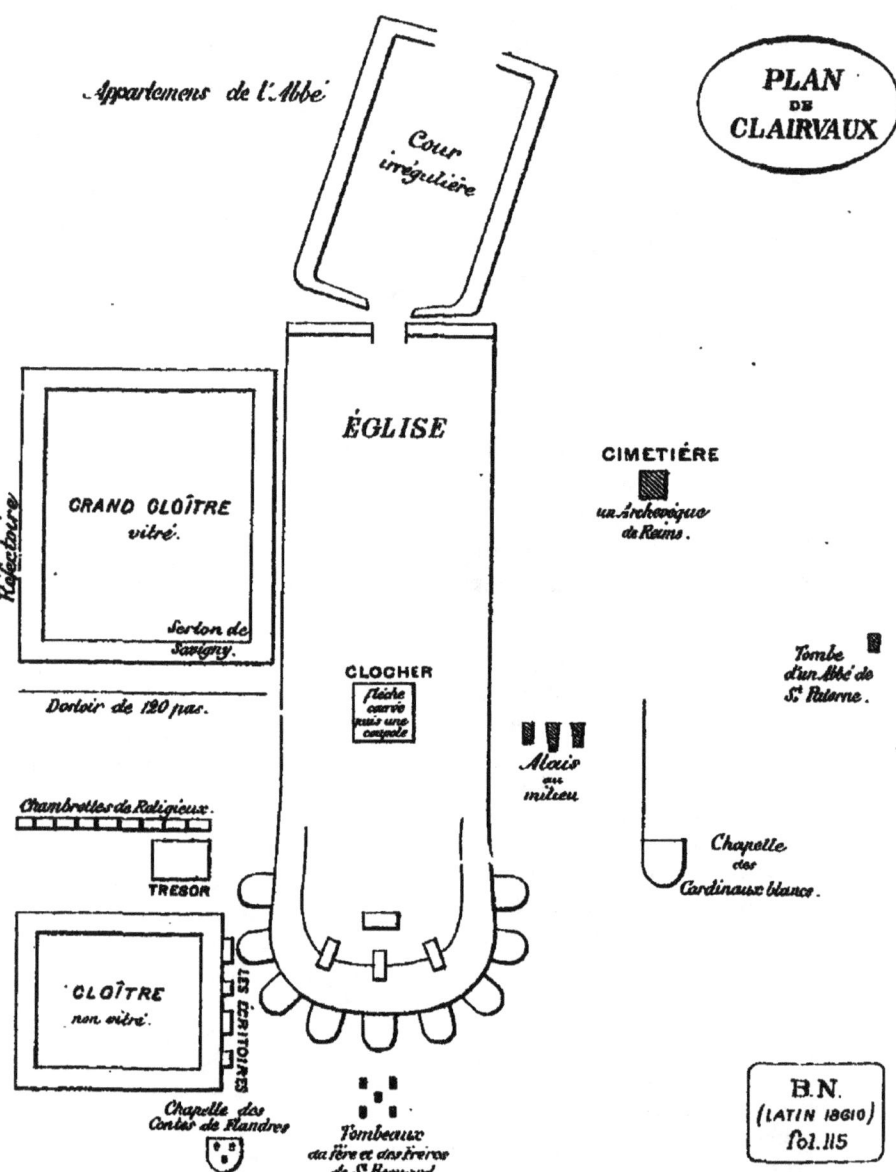

Tous les livres manuscrits sont à la bibliothèque, excepté l'*Historia scolastica*, de Pierre le Mangeur, que je trouvai au

Trésor. C'est une traduction faite au xiii° siècle, mais d'une écriture du suivant. Il étoit alors sur la table de ce trésor; on ne me dit point pour quelle raison. Parmi les curiositez de ce trésor, qui est sur une voûte en haut, on montre le sceau de saint Bernard, son soufflet, sa ceinture, qui est une lisière rougeâtre, étroite comme une jarretière, son oreiller, son étole de couleur rougeâtre, sa chasuble. Sa robe y est dans une châsse de vermeil qui avoit été faite pour mettre son corps par Tristand Bizet, évêque de Saintes. Un oreiller de saint Malachie. Le chef de saint Bernard enfermé en vermeil. Le chef de saint Malachie et sa mitre de perles. Le chef de saint Marc, évangéliste. Quantité de tables à reliquaux. Une chapelle de Constantin pleine de reliques et mignatures. Une mitre donnée par un abbé de Dunes. Item un crucifix dans un arbre. Je remarquai aussi parmi les livres manuscrits que je trouvai au chœur un *Psalterium ecclesiæ Lundensis*, et j'y vis au calendrier le jour de l'Ascension en may *Ascevus primus sancti Lundensis ecclesiæ archiepiscopus*. Saint Germain d'Auxerre est dans ce calendrier.

Bibliothèque. — Autant que je m'en souviens, elle occupe le côté d'un cloître où sont les chambres dans lesquelles on copiait les livres, et qu'on appelloit *les Écritoires*. On y monte par un bel escalier de pierre. C'est une longue salle où les pupitres sont à deux rangs depuis un bout jusqu'à l'autre, sur lesquels pupitres sont enchaînez les livres avec facilité de les ouvrir, mais non de les transporter. Il y a sur chaque pupitre trois ou quatre volumes.

J'ouvris les grands légendaires; j'y vis dans un les vies des saints évêques de Chaalons-sur-Marne, consécutivement sçavoir de saint Alpin, saint Lendemio et saint Elaf assez longues..... La vie de saint Flocelle, vers le milieu de septembre avec le mot *corpusculum*. La vie de saint Germain d'Auxerre semblable à celle du manuscrit de Regny. Vers la fin de l'un de ces légendaires est une copie de la manière dont on a eu à Clervaux les corps des saints Maxime, Eutrope, Bonose, martyrs, qui n'ont pas été connus de l'abbé Chastelain. Un légendaire où est la vie de sainte Madeleine. Plus, séparément est une vie des saints Lazare, Marthe et Marie ensemble, écriture du xiii° siècle, où il est dit que les 12 apôtres et les 72 disciples eurent à manger de sainte Marthe.

Dans le fond, du côté méridional, étoit un gros manuscrit françois de 200 ou 300 ans, à la fin duquel je trouvai la vie de Gérard de Roussillon en françois. Aux deux derniers chapitres il est appelé saint et sa femme Berthe, sainte. Il y est parlé de miracles arrivez à leur tombeau.

Je ne me suis point attaché aux ouvrages des Saints-Pères, d'autres que moy l'ayant fait. Voici donc ceux que j'ai tenu et parcouru comme le hasard m'a conduit : J'y vis un petit manuscrit du ix° siècle, contenant une lettre d'Alcuin adressée *Widoni comiti* sur les vertus. J'y trouvé des prières adressées aux saints confesseurs où saint Germain est. Il est aussi nommé aux litanies, mais les saints évêques de Clermont dominent dans ces litanies. On y lit : *sancte Stremoni* parmi les martyrs.

Homeliæ Alcuini xii° siècle, à la fin d'un volume cotté F. 24. *Hincmarus de Trinitate*, petit in-folio. *Remigius in XII. proph.*, in-folio. Un Osée est imparfait, ainsi que partout ailleurs. *Honorius in Cantica Cant.*, en deux volumes in-folio du xii° siècle cottez 82, 83, D. *Candelæ Garlandi Chrysopolitani Sancti Pauli scholarum præceptoris et canonici*. C'est la qualité qu'il prend dans sa préface. Cet ouvrage est un ramas tiré des Pères et des Conciles. Dom Martène a fait imprimer cette préface sur le manuscrit de Clervaux. *Thes. anecd.*, t. I., p. 572. Cet ouvrage est aussi en partie chez les Jacobins de Troyes, où je l'ai vu : il y est dit que l'auteur vivoit en 1130. Il en est fait mention dans le nouveau Glossaire, t. 2, col. 37 au bas. Le même Garland traite aussi des offices divins dans son second tome par extrait des auteurs Raban et Amalaire, j'y apperçus aussi dans ce tome un passage : *Ex libro magistri Franconis Legiensis*, où il est dit que Salomon fit jetter dans la piscine de Siloë un bois à trois fueilles trouvé dans une forêt. *Quod audiens rex excrustavit totum aurum de ligno* à la remontrance de la Reine de Saba : et que c'étoit par la vertu de ce bois jetté dans cette eau qu'elle avoit la vertu de guérir.

Gregorii VII Epistolæ, petit in-folio à la fin duquel est écrit : *Contuli 1695. Steph. Baluzius.*

Julius Solinus, *Legi commentator*, abrégé de Jules César. Le dernier et neuvième livre est fort court.

Catalogue des Consuls romains à la fin d'un des livres historiques.

Il y a aussi des Poésies d'Ennode de Pavie.

Au bout des pulpitres des Expositeurs je vis un ouvrage qui me parut être : *Durandi Troarnici cœnobii* ou à lui dédié.

Après un Beleth in-folio, écriture du xiii° siècle, est un traitté de même temps, intitulé : *Balduini de Ford de sacramento corporis et sanguinis Dni*, dédié *B. Exoniensi episcopo*. Dans un autre manuscrit contenant ses sermons, il est dit abbé de Fordes, puis archevêque de Cantorbéry.

A la fin d'un in-4°, commençant par Étienne de Cantorbéry, on trouve un traitté de *Sacramentis secundum magistrum Herbertum de Authisiodoro. Legitur Johannis 19 quod unus militum lancea.*

Sacramenti triplex assignatur distinctio a magistro instrui, 20 feuillets.

Après un volume cotté L, 71, vers la fin où est un extrait de la somme *Magistri Guillelmi Autisiod*, on lit : *Nonnulla ex summa Magistri Herberti decani Autissiod. de Sacramentis. Tenet Ecclesia quod tantum septem sint sacramenta, scilicet Baptismus;* il fait consister la forme de la consécration dans *Hoc est corpus.* A la fin : *Expliciunt notulæ...* et ensuite : *Magistri Herberti Decani Autissiod*, xiii° siècle, six feuillets. Il se sert des termes *Forma verborum.*

Guillelmi Autissiodorensis archidiaconi Belvacensis summa.

Chronica magistri Hugonis de Sancto Victore, écrite au xii° siècle. La préface est *Fili, sapientia thesaurus est.* Je l'ai vu ailleurs de même.

Summa Magistri Martini, xiii° siècle, cotté I, 45.

Un petit in-folio, ouvrage moral et théologique d'un Jean, chanoine régulier dédié à saint Bernard. Caractère du xiii° siècle, cotté H, 62.

Hugo in lamentationes. in-folio, 12 volumes, xiii° siècle, et *Richardus vir bonus de Pasnarchis.* Après 144 feuillets : *Incipit libellus proverbiorum*, où il y a *Ante prandium esurire, ante potum sitire, ante lucem surgere sanitas magna est*, Et à côté est écrit de la même main : *Hoc opusculum præsens, non Richardi, sed Domni Gaufridi*, et le reste comme il est imprimé dans le voyage littéraire de D. Martenne. (Voyez le Catalogue de mes remarques, à la Bibliothèque Saint-Bertin.) Il y a une paraphrase allégorique à côté de chaque proverbe. Cet ouvrage est contenu dans 16 feuillets, et il commence par cette préface : « Edito olim a me parabolarum libello, cum jam per dies plurimos a scribende quievissem hortatu atque incitamento reverentissimi patris et Abbatis mei Domni Stephanis præsens rursus opusculum in modum et similitudinem proverbiorum utcumque scriptitare conatus sum. »

Au feuillet 13 du même manuscrit : « Incipit querimonia de statu hujus temporis » ; il parle par antithèses de la corruption de ce monde et finit : « Veni ergo domine jhesu veni », il est cotté H, 63.

Liber Apocalypsis glosatus a domino Gaufrido abbate. C'est un in-folio mal écrit au xiii° siècle. Autre in-folio considérable (cotté I, 11), *Petrus de Coffes monachus Clarvealli in quatuor libros sententiarum*, xiv° ou xv° siècle. Ce doit être de Cessom, voyez le voyage imprimé de Martene et le catalogue manuscrit du P. Boyer en ma collection de catalogues de manuscrits.

Sermones fratris Ewardi de ordine Vallis Scolarium, xiv° ou xv° siècle, deux volumes in-°8.

Gaufridus in Cantica Canticor., cotté E, 4 ou 11.

Fratris Roberti Berlunctinensis ecclesiæ canonici in XII prophetas, in-folio, xii° ou xiv° siècle, cotté E, 44.

Willelmi Lucensis in Hierarchiam Sancti Dionysii, xiii° siècle.

Liber qui dicitur Verbi gratia, editus a Domino Henrico quondam abbate montis Sancti Mariæ postea Trojano Episcopo, xiii° siècle, cotté D, 74. Notavi ad calcem op. De Vich ubi deest not. in Henrico Episc. Trecensi, xii° siècle.

A la fin du volume cotté C, 92, *Ordinarium super officiis missæ per totum annum*. Ce sont des moralités sur les parties de la messe.

Un Pontifical du xiii° siècle où, dans la consécration de l'Évêque on lit : *Vis Ecclesiæ Sancti Sophiæ et patriarchæ ejusdem canonices intrantes*, etc. Mais cela est précédé de la disjunctive *Vel*, car auparavant il y a : « Vis beato Petro cui a deo data est potestas ligandi atque solvendi, mihique ejus vicario successorisbusque meis honorem ac subjectionem per omnia exhibere ? Rep. Volo. »

Parmi les Bréviaires, il y en a un manuscrit de 300 ans à l'usage des Cordeliers, in-12.

Un Bréviaire de l'Abbaye de Saint-Maur-des-Fossez ou de quelque dépendance. Au 15 octobre est marquée la Translation. Au 7 décembre Saint-Babolein, abbé. Au 13 novembre, *Adventus Sancti Mauri et Dedicatio*. Ce Bréviaire a été mis à l'usage d'une autre église. Les Saints de Lyon et de Mâcon y sont ajoutez.

Autre Bréviaire du xiii° siècle où, au calendrier au 8 janvier, est par addition en français : *La feste Mgr Saint-Allegrin es Saint-Godegant frères*. C'est un Bréviaire monastique, les onze mille vierges ajoutées au 13 octobre. On l'a mis à l'usage de Clervaux. Dans l'un de ces deux bréviaires Sainte-Germaine est dans un autre mois que celui d'octobre, mais par addition. Après le calendrier est adossée une Épitre fausse de Saint-Étienne. « Lectio Actuum Apostolorum. Qui ci est ode or escot verite soie gard n'en dote. [Quand li apostre le testimonient,] tuit li mescreans s'en esloient. »

Saint-Luc l'escrit seniors et dames.

Li bons mires de cors et d'ames.

In diebus illis.

Jésus-Christ ot un champion.

Après la sainte Ascension.

Parmi les livres dont on ne fait pas grand cas, je vis un in-4° qui a pour titre : *Libellus a Guillelmo de Mandagoto archidiacono Nemausenci, nunc episcopo Prænestensi super electionibus.*

Parmi les *Miscellanea* est un petit livre couvert de parchemin où est le pouillé de l'Évêché de Saintes : chaque Saint, patron des Églises, est nommé.

Vers le milieu de la bibliothèque, plusieurs volumes, sur la couverture desquels on trouve les noms des anciens religieux de Clervaux qui étaient en semaine de cuisine, environ 1203, 1204, 1205, et leur pays. Je n'y en vis aucun d'Auxerre.

Livres en vieux françois :

Au rang des *Miscellanea*, au fond de la bibliothèque en entrant, est un in-8° assez gros, *Guilleville le Pélerin*. Au même volume : *Le Roman de la Fleur de Lis*, qui n'est pas connu de Ducange. Ce livre vient de l'abbaye de Mortemer, écriture de trois ou quatre cents ans. Item in-4°, *Gille de Rome Augustin*, en Français, *sur le le Gouvernement des Princes*, dédié à Philippe, roy de France, écriture du xiv° siècle.

J'ai oublié de dire que j'avais trouvé parmi les balayures à terre le premier feuillet d'un Ordinaire de l'Église de Cambrai procédant d'un superflu de relieur. Il commence : *Ecclesia Dei toto orbe terrarum*. J'ai appris depuis de M. Mutte, chantre de cette église, qu'on y possède cet Ordinaire en entier.

On me mena dans un vaste cellier pour y voir la cuve dite de Saint-Bernard, comme elle étoit couchée j'entrai dedans. Elle tient, dit-on, 762 muids. Elle a de haut quatorze de mes pas et seize pieds ou environ de diamètre. On m'assura qu'on s'en étoit encore servi en 1691 et 1693.

Retour de Clervaux à Auxerre par un autre chemin.

Le mercredi 26 avril 1730, après avoir monté la montagne, je passai une lieue de bois dans un grand chemin droit, puis proche la Chapelle de N.-D. de Montleville. Ensuite à Champigneulles (1), assez jolie église titrée de Saint-Laurent et garnie de cloches. De là à Saint-Eusoge (2) une lieue presque pays plat. J'y vis fumer des terres avec du mar. Petite église mal bâtie dont est patron Saint-Eusèbe, martyr du 25 août. Il y a beaucoup de vignes plus

---

(1) Champignole, commune du canton et arrondissement de Bar-sur-Aube. *Campaniola, Campaniolæ, Champignolliæ*, se disait Champignolles. On mentionne ce village dès 1084. La cure était à la collation du chapitre de Langres.

(2) Saint-Usage, commune du canton d'Essoyes, arrondissement de Bar-sur-Seine (Aube). *Sanctus Eusebius*, mentionné dès 1121. Les sires de Chacenay et l'abbaye de Clairvaux possédaient cette terre par moitié. Ses habitants furent affranchis en 1480 par l'abbé de Clairvaux.

loin à droite. On laisse à gauche Fontette (1), où saint Corneille et saint Cyprien sont patrons.

Tous ces villages sont ramassez mais non fermez. De là à Loches (2) il y a une lieue et demie. On laisse à droite, dans un vallon, Noyers (3), que la carte écrit Nouers, où saint Pierre est patron. Plus haut, on laisse à gauche Essoye (4), dont l'église de Saint-Remi paroît considérable, j'entendis de loin trois grosses cloches. Do, la, ré de l'orgue tierce majeure. Ce lieu m'a paru avoir été muré. Loches ne l'a pas été; on y trouve la rivière d'Ourse.

De Loches à Landreville (5), demie lieue. Il y a à droite une suite de vignes. Notre-Dame est patrone de ce dernier lieu. L'église en est belle, bien propre, ayant horloge. La nef est du XII° ou XIII°

---

(1) Fontette, commune du canton d'Essoyes, arrondissement de Bar-sur-Seine (Aube). *Fonteta, Fonteium, Fontium caput*. En 936, Dagobert de Fontette accorda des terres à Notre-Dame de Coconville. Il y avait une commanderie de Malte, relevant de celle d'Épailly. C'est la patrie de la fameuse comtesse de la Motte, Jeanne de Saint-Rémy-Valois, si connue par *l'affaire du collier*.

(2) Loches, canton d'Essoyes, arrondissement de Bar-sur-Seine (Aube). *Locellæ, Lochia*, jadis possédé par les sires de Dinteville et de Lenoncourt, puis, aux XVII° et XVIII° siècles, par la famille Le Bascle d'Argenteuil, dont l'un des ancêtres, Henri, prit part à la bataille de Crécy contre les Anglais.

(3) Noyers est maintenant Noë-les-Mallet, mentionné dès 1095 sous le nom de *Nucerium, Nuceriæ*, localité du diocèse de Langres, qui appartenait en partie à l'abbaye de Molème.

(4) Essoyes, chef-lieu de canton, arrondissement de Bar-sur-Seine (Aube). *Yssoia, Exoium, Exoia, Essoiacum*, de la généralité de Champagne et du bailliage de Chaumont, mentionné dès 1084 comme ayant été donné en partie à l'abbaye de Molème, qui, en 1234, associa à ses droits sur le domaine Thibaud, comte de Champagne. Il y eut à Essoyes une prévôté dont Verpillière faisant partie. Il y avait aussi un château et une ancienne léproserie réunie, en 1695, au grand hôpital de Bar-sur-Aube.

(5) Landreville, commune du canton d'Essoyes et de l'arrondissement de Bar-sur-Seine. *Landevilla, Landerici villa*, mentionné, dans les *Annales bénédictines*, dès l'an 1085. Cet village eut des seigneurs particuliers, et notamment Landeric ou Landri, qui a donné son nom au village, et au sujet duquel on a une légende. Ce seigneur, abusant de son autorité, voulut attenter à la pudeur d'une de ses vassales, qu'il ne put gagner et qu'il fit périr de sa propre main. On en a fait une sainte (Sainte-Belisse) et sa tête était conservée dans l'abbaye de Mores. L'église fut donnée, en 1152, par l'évêque de Langres à l'abbaye de Montiéramey. Les protestants y avaient construit un temple que la révocation de l'édit de Nantes les força de détruire.

siècle, avec une croisée dans le côté méridional de laquelle est la chapelle de Sainte-Beline, où il y a un tableau moderne de sa décollation par un bourreau (elle a sa quenouille auprès d'elle), et dessous est écrit : *Sancta Belina ora pro hac patria quæ tua est*. Je passai les ponts de l'Ourse et j'allai à l'hermitage où est son tombeau dans la chapelle, à droite de la nef. Il est situé sur un monticule. Il y a une crypte ou voûte dans laquelle logeoit un hermite. On fait la fête de Sainte-Beline sûrement le 19 février. Le curé de Loches dit les messes qu'on demande. Dusaussay et Chastelain qui le copie mettent son martyre le 8 septembre. Je conjecture que son nom latin peut avoir été Benigna, puisque de Benignus on a bien fait Belin, il a pu en être de même. A Mores, demie lieue de là, est conservée la tête de cette sainte.

Mores (1) ou Maure est une abbaye de Bernardins. L'église est jolie ; le chevet est quarré aussi bien que la croisée, les galleries s'étendent même jusques sur la grande porte. Il n'y a point de monument considérable qu'un mausolée d'une vieille dame, qui est à gauche dans la croisée, mais sans inscription. Les religieux ont condamné la moitié de leur cloître pour en faire une cave, ne pouvant avoir de cave à cause de l'eau de la rivière d'Ourse sur laquelle ils sont. Au tableau du grand autel est représenté le miracle d'un crucifix dont le Christ embrasse saint Bernard.

De là à Celles (2), situé sur un coteau de vignes, il y a une demie lieue. J'appris en ces lieux qu'à Ville-sur-Arce saint Aubin est patron et saint Martin à Bussières (3), Lecour, curé de la Cressonnière. On laisse à droite Mairé (4), où sainte Magdeleine est patrone. A Polisy-sur-Seine (5), situé à demie lieue de Celles, est

---

(1) Mores (Aube). Voir une notice sur cette abbaye, avec des preuves, par M. l'abbé Lalore. La fondation du monastère est de l'an 1151, et fut faite par l'intervention de saint Bernard, qui obtint des chanoines de Saint-Denis de Reims la petite église de la paroisse.

(2) Celles (Aube). Cette terre appartint d'abord à des seigneurs laïcs, les sires de Chacenay. Anseric de Chacenay la céda avant 1135 aux religieux de Molême, et ceux-ci à l'abbaye de Mores.

(3) Buxières, commune du canton d'Essoyes, arrondissement de Bar-sur-Seine (Aube). On en a déjà dit un mot précédemment.

(4) Merrey, commune du canton et arrondissement de Bar-sur-Seine (Aube). Au XIIe siècle, cette terre fut possédée par la maison de Bar-sur-Seine, et un personnage de cette maison prit, au siècle suivant, le nom du pays.

(5) Polisy, commune du canton de Mussy-sur-Seine, arrondissement de Bar-sur-Seine (Aube). Un membre de la famille de Bar-sur-Seine prit le nom de cette terre en 1103. Rainard de Polisy donna aux religieux de Molême une vigne sur le finage de Merrey.

une église laide par dehors attenant le château. Saint Félix, du 31 août, en est patron. A l'entrée de ce château, à gauche, on voit des armoiries des Dinteville et en une : *J. de Dinteville me condebat 1532.* Le corps du château est couvert d'ardoises et de tuiles plombées ; il est bâti de belles pierres très blanches. Il y a les armes d'un porc épi couronné. A l'auditoire renfermé dans le château sont principalement les armes des Dinteville et autres avec des sentences. J'en remarquai une autour du banc de la justice : *In judicio non accipies personam.* De Polisy-sur-Seine au Ricey (1) il y a une grande lieue. On laisse à gauche Buxeuil (2), où saint Loup de Troyes est patron. Je ne trouve pas ce Buxeuil dans la carte du diocèse de Langres, mais Bussey. Puis à droite Vallot (3), où il y a beaucoup de vignes. Le patron est saint Savinien de Troyes. J'écris Vallot comme j'ai ouï prononcer. C'est apparemment ce que la carte appelle Ballenot-la-Fosse. De ce Ballenot à Ricey-le-Bas (4) on compte une demie lieue. Il y a des murailles à ce Ricey et des portes, il est assez peuplé, neuf, non pavé. L'église est Saint-Pierre, bâtiment de deux cents ans avec un portail de cent ans. Il y a des ceintures funèbres ou litres en dedans et en dehors. Le chœur est un peu plus bas que la nef. Le château est derrière l'église, on y voit de grosses tours. Ce premier Ricey est à gauche de la Seine et le plus peuplé des trois.

Ricey Haute rive ou du milieu est à droite de la Seine et à un quart de lieue du précédent. L'église paroissiale de Saint-Jean a un chœur couvert d'ardoise, un beau clocher au milieu, une croisée comme à l'autre. Le sanctuaire a de beaux vitrages. Ce lieu est aussi muré, mais non pavé.

Il est peut-être bon de remarquer qu'en ces lieux comme à Chaource, et peut-être dans tout le diocèse, les fonts baptismaux

---

(1) Ricey, chef-lieu de canton de l'arrondissement de Bar-sur-Seine (Aube). Cet important domaine faisait partie jadis du comté de Tonnerre, dès le viii° siècle, et passa aux comtes de Bar-sur-Seine, issus des comtes de Tonnerre, au xi° siècle.

(2) Buxeuil, commune du canton et arrondissement de Bar-sur-Seine (Aube). Les religieux de Molême possédaient dans ce village une maison et un verger qui leur avaient été donnés au commencement du xiii° siècle par Jacques, curé de Polisy, dont le frère André s'était fait moine à l'abbaye de Mores. La charte est de 1226 (2° cartulaire de Molême, folio 31 v°).

(3) Balnot-sur-Laignes, commune du canton des Riceys, arrondissement de Bar-sur-Seine (Aube).

(4) Les Riceys, chef-lieu de canton de l'arrondissement de Bar-sur-Seine (Aube).

ont un grand couvercle de cuivre qui se lève comme une lampe par le moyen d'un poids qui l'entraîne.

Au sortir de ce Ricey haute rive, on trouve à cinquante pas un autre Ricey, dit Ricey-le-Haut, aussi muré et non pavé. L'église étoit tournée à l'Orient comme dans les autres; mais on l'a allongée depuis que le tonnerre tomba dessus de l'aile de la croisée du côté septentrional, pour en faire un chœur qui est beau. Cette église a double aile. La croisée est aussi presque à l'entrée et à l'un de ses bouts en rond-point, c'est le côté oriental. Saint Vincent est patron. Il y a de grosses cloches et horloge. On ne tourne derrière aucune des églises des Ricey.

Molême (1) est à une lieue ou environ des Ricey, sur une montagne vers le midi. Le bourg est fermé de murs. La paroisse est Sainte-Croix, église mal bâtie située au côté méridional de l'abbaye. Le bâtiment de l'église abbatiale (2) est d'Antoine de Vienne, abbé en 1534 et années suivantes. Il est en forme quarrée, au moins le chevet où est le chœur des religieux sur lequel il y a une double voûte. Sur la première, au rebord, sont différentes châsses dont une contient partie des reliques de saint Robert, le reste est dans son tombeau placé dans le côté droit de la croisée dans un tom-

---

(1) Molême, commune du canton de Laignes, arrondissement de Châtillon-sur-Seine (Côte-d'Or). Les archives de cette abbaye sont entièrement conservées aux archives de la Côte-d'Or, et sont des plus curieuses. Pour la fin du xi⁰ siècle surtout, elles donnent des documents qu'aucun autre monastère ne fournit à cette époque, c'est-à-dire depuis 1075 et jusqu'à la fondation de Cîteaux, en 1098. Outre deux cartulaires, dont l'un fut terminé en 1142; on y trouve une série de chartes originales qui sont d'un grand secours pour la connaissance et la filiation de nos familles féodales. On y possède aussi les titres des prieurés qui dépendaient de Molême. Les religieux ont toujours conservé leurs archives avec un soin jaloux, c'est ce qui explique le petit nombre de documents que l'on connaissait de cet établissement avant la Révolution. M. Socard a publié les chartes qui intéressaient le diocèse de Troyes et la Champagne; M. Quantin, dans le *Cartulaire de l'Yonne*, a donné celles qui touchaient les provinces de l'Yonne; nous en avons publié nous-même un certain nombre dans le *Cartulaire de Jully-les-Nonains* et dans les *Ducs de la race capétienne*, mais ce fonds important mériterait un travail spécial qui n'a pas encore été entrepris.

(2) Je ne connais pas d'anciennes vues de l'abbaye de Molême, comme celles que le graveur Israël Silvestre a conservées de nos anciens monuments civils ou monastiques. M. Nesle, dans son *Album pittoresque du Châtillonnais*, a donné un bon dessin de l'état des bâtiments, il y a une trentaine d'années. Nous avons dans notre collection quelques dessins originaux.

beau de l'an 1685. Il y a en cette église des cheminées dans deux ou trois chapelles. Les abbés du lieu sont peints sur les portes du dortoir. La bibliothèque n'est pas vaste. On m'y montra un bréviaire de Molème (1), de forme in-12, dans lequel je trouvai vers le milieu, en caractères du xiii° siècle, un catalogue des abbez avec la durée de leur gouvernement. Je le transcris ici sur la copie que j'en fis sur le lieu :

Robertus	(2)	annis xxxvi	mens. v.	
Guido	(3)	xii		iii sept.
Evrardus	(4)	viii	iii	viii hec.
Giraudus	(5)	viii	vii	iii.
Stephanus	(6)	viii	iii	ii sept.
Guillencus	(7)	vii.		
Amello	(8)	iv.		
Theobaudus	(9)	v	ix	iv.
Thomas des Castris	(10)	vi.		
Engerbertus	(11)	iii	Electus in episcopum.	
Stephanus	(12)	ii.		

(1) Il est facile de déterminer la date de ce bréviaire, qui ne peut être que du xiii° siècle, puisque le dernier des abbés dont les noms y sont cités mourut en 1295 ; il est vrai que le manuscrit pouvait être antérieur à la liste des abbés insérée dans ce volume.

(2) La liste a tort de ne pas comprendre au nombre des abbés Geoffroy, qui remplaça saint Robert, de 1098 à 1099, pendant le temps que ce dernier s'occupa de la nouvelle organisation du *Nouveau-Monastère* de Cîteaux. Saint Robert fut abbé depuis 1074 jusqu'en 1110, sauf l'intervalle d'une année.

(3) Gui de Châtel-Censoir, fils de Vibert ou Guibert et de Reine, qui figurent parmi les premiers donateurs de Molème. Je suppose que c'est lui que nous rencontrons comme prieur, dans des chartes de 1084 à 1107 ; il fut abbé de 1110 à 1132.

(4) Évrard ou Ébrard, abbé de 1132 à 1140.

(5) Girardus, abbé de 1140 à 1148. Je suppose aussi que c'est lui qui fut d'abord sous-prieur, puis prieur.

(6) Étienne, abbé de 1148 à 1156.

(7) Guillencus ou Willencus, 1156 à 1163.

(8) Amello est une mauvaise appellation, c'est Nivelo qu'il faut lire. Nivelon de Basoches, frère d'Haice de Planci, 1163 à 1166.

(9) Thibaud de Châtillon-Basoches, 1166 à 1171.

(10) Thomas de Chappes, auparavant prieur, abbé de 1171 à 1175.

(11) Engilbert ou Ingilbert ne vient qu'après un Étienne II, qui paraît dans quelques pièces de l'année 1175, et fut lui-même abbé de 1175 à 1178.

(12) Étienne III exerça de 1178 à 1182.

Odo	(1)	annis II mens. VI.	
Gacherus	(2)	XXI	III.
Giraudus	(3)	VI.	
Odo	(4)	XIV.	3
Ysembardus		XI	minus 5, sept. III.
Christophorus		XIII	3.
Guillelmus		XIX.	

Les deux autres qui suivent sont effacez (5).

J'y vis aussi un petit manuscrit qui commence : *Incipit liber valde devotus et utilis primo de Imitatione Christi*. En effet, dans le livre qu'on appelle de l'Imitation de J.-C., il n'y a que le premier chapitre qui en traitte.

Je remarquai dans un reste de Missel monastique cette rubrique au vendredi saint : *Non dicitur Pax Domini, nec pax recepitur. Post hæc communicant omnes*.

A un coin du dortoir est un portique dont le rangement des pierres paraît dénoter le XIIe siècle.

J'observai au chapitre la sépulture de l'abbé Ysembard qui est en crosse. Il y est dit décédé en 1238. Sur un fragment de tombe se lit : *Hic jacet Christophorus abbas*. Le sacristain me montra dans sa chambre la clef de saint Robert dans un buste d'argent au bas duquel on voit à travers un cristal une clavicule du même saint. Elle est longue et ne paraît guère recourbée. Ou bien il faut dire que le saint étoit de haute et vaste stature. Je lus à la tablette ce billet : *Missa applicabitur pro Viberto de Chasteau Maly, domino de Nitry*. Je croy qu'on avoit voulu dire : pro Viberto de Mailly-Chasteau (1).

A un quart de lieue de Molême au sud-ouest est une montagne

---

(1) Il y a quatre abbés entre Étienne III et Odo, savoir : Regnaudus, 1182 à 1186; Gaucherus, 1186 à 1191; Bruno, 1191 à 1193, et Stephanus ou Étienne IV, 1194. Odo Ier lui succéda jusqu'en 1197. Lebeuf n'avait peut-être pas copié le manuscrit exactement, car les indications du *Gallia christiana* en proviennent.

(2) Galcherus, 1197 à 1209.

(3) Giraudus ou Girardus, 1209 à 1217, promu en 1220 évêque de Valence.

(4) Eudes II, 1219 à 1227.

(5) Ces deux autres abbés sont Dreux, 1270 à 1290 et Étienne V, décédé en 1295.

(6) Deux titres du fonds Molême non datés, mais de la fin du XIe siècle, parlent en effet des donations de Vibert ou Gibert de Mailly, — évidemment Mailly-Château, — qui concéda des droits sur la terre de Nitry. C'est, croyons-nous, le même personnage que Vibert de Châtel-Censoir.

roide par l'orient, au bas de laquelle du même côté sont des sources qui se jettent dans la rivière de Laigne. Par l'occident il y a beaucoup de buissons très épais. On prétend qu'il y avait là une ville et qui avait nom Lan-sur-Seigne (1). On y trouve des fragments semblables à ceux qui se voient à Auxerre dedans et dehors le clos Saint-Julien, des urnes sympules et tuiles antiques, un reste de mur de pierres du pays.

Le côté de la pente septentrionale est aussi roide. Ce champ a sept cents de mes pas de long et un chemin au milieu. On y voit par ci par là des mergers ou amas de pierres. Du côté du midi est une pente également roide. Je pense que ce lieu étoit la capitale du *pagus Laticensis* dont le nom est encore conservé dans celui d'un des archidiaconnés de Langres. En effet, tous les villages du voisinage qui se trouvent nommez dans les anciens titres sont dits situez *in pago Laticensi*. Voyez ce que j'ai dit sur ce lieu au premier tome de mon *Recueil des divers Écrits* imprimez in-12, en 1738, chez Barois, article des éclaircissements sur la vie de saint Loup, évêque de Troyes.

Au bas de cette montagne, vers le midi, est le village dit Vertaut (2). Saint René patron, petite église et pauvre, aussi bien que le village. De là on va à Charnay ou Channay (3) dans une espèce de gorge. C'est un pays de vignes. Saint Martin est le patron; puis on monte une montagne et, après une demie lieue, on trouve Nicey ou Nicé (4), bourg muré qui a quatre portes; église de

qui appartient à la famille de Donzy, et dont la femme Reine devait être sœur de Hugues-le-Gros, de Mailly. Nous donnerons ailleurs cette généalogie des Châtel-Censoir, issus des Donzy.

(1) Plusieurs volumes des *Mémoires de la Commission des Antiquités de la Côte-d'Or* renferment des notices sur les fouilles et sur les découvertes faites dans cette localité.

(2) Vertaut, commune du canton de Laignes, arrondissement de Châtillon-sur-Seine (Côte-d'Or), jadis ressortissant de la généralité et de l'élection de Tonnerre, et au spirituel du doyenné de Molême. Les religieux de cette abbaye possédaient une partie du village par suite de donations faites aux xie et xiie siècles. (Voir les Cartulaires de Molême.

(3) Channay, canton de Laignes, arrondissement de Châtillon-sur-Seine (Côte-d'Or). *Channay, Channatum, Channayum*, ressortissait à la généralité de Paris et à l'élection de Tonnerre. Ce village avait sous sa dépendance Villiers-les-Moines, qui appartenait à l'abbaye de Molême, également possession de l'église de Channay.

(4) Nicey, canton de Laignes, arrondissement de Châtillon (Côte-d'Or), était autrefois une seigneurie laïque, et le château avait une chapelle fondée par les seigneurs du lieu, et dédiée à Notre-Dame, Saint-Jean-Baptiste

Saint-Pierre dont jay vu des nominations du curé par le chapitre d'Auxerre. J'y entendis de bonnes cloches. Il y a de grosses tours au château. Quoique ce lieu soit dans un bas on n'y voit aucun ruisseau. On y voit des vignes et des bleds.

Après avoir monté une montagne blanche, on fait une grande lieue sans trouver que des terres labourables et des broussailles et l'on tombe dans Cruzy (1), lieu connu dans les environs jusqu'à Auxerre par les bonnes petites fraises de bois qui en viennent. C'est un village muré. A l'entrée, sur la porte, sont les armes de Clermont-Tonnerre, deux clefs en sautoir. On rencontre ensuite une chapelle moderne du titre de la Sainte-Vierge, sous laquelle est une cave. La paroisse est Saint-Barthélemi, laide église, clocher pointu. Le forbourg est plus bas et dans un vrai creux, puis étant remonté on trouve la porte de sortie. Il n'y a point de vignes en ce quartier-là.

De là au village de Ban (2) on compte une lieue, on passe dans un petit bois, il est aussi situé dans un fond et il y passe un ruisseau. L'église est très laide et petite, couverte de pierres plattes que nous appellons des *laves* ou *labes*, mot visiblement dérivé de *lapis*. La patron est saint Valire ou Valier (3), diacre martyr de Langres, dont la feste est le 24 octobre. Sa statue à l'autel le représente en diacre, mais à la bannière il est figuré en chanoine, le bonnet sur la tête et l'aumuce sur le bras gauche, ce qui est ridicule. De là on cotoye un bois, puis on trouve les murs du pavé de Quincy (4). Il n'y a qu'une petite demie lieue jusqu'à cette

et Saint-Claude. L'église avait été donnée, 1018, au prieuré de Griselles, par Hermengarde, comtesse de Vermandois, veuve du comte de Tonnerre. (Voir nos *Ducs de Bourgogne*, t. I, p. 491 et t. II, appendice.)

(1) Cruzy-le-Châtel, chef-lieu de canton, arrondissement de Tonnerre (Yonne), relevait au spirituel, avant la Révolution, du diocèse de Langres et de la province de l'Ile-de-France ; c'était une châtellenie du comté de Tonnerre relevant du duché de Bourgogne, et le siège d'un bailliage important composé de vingt-trois prévôtés de la juridiction du bailliage royal de Sens. Cette terre a toujours appartenu aux comtes de Tonnerre et aux seigneurs de cette maison. On a de ce bourg une bonne monographie publiée, par M. Eugène Lambert, dans deux *Annuaires de l'Yonne*.

(2) Baon, commune du canton de Cruzy, arrondissement de Tonnerre. Baon, 1178 (Cartulaire général de l'Yonne, II, 295); — Ban, 1515 (Petit cartulaire de Saint-Michel). *Bantalis, Bao*, dépendait de la généralité de Paris en la province de Champagne, de l'élection de Tonnerre, du bailliage de Sens et de la prévôté de Molosmes.

(3) L'église était du doyenné de Saint-Vinnemer, et la cure à la collation de l'abbé de Molosmes.

(4) L'abbaye cistercienne de Quincy, sise à 9 kilomètres de Tonnerre,

abbaye dont je parle ailleurs. De Quincy à Commissey (1), demie lieue, saint Remi, patron, église laide en dedans. Soulangis (2) n'a que l'air d'une chapelle du titre de saint Jean-Baptiste.

Tonnerre. Comme je l'avois déjà vu plusieurs fois, je me contentai de mesurer l'église de l'Hôpital où je trouvai cent quarante de mes pas, du fond de l'église à l'entrée du vestibule. La reine Marguerite est représentée en cuivre : son mausolée est pareillement de la même matière (3).

Minimes. Quatre piliers du dedans de leur église font voir que c'étoit une ancienne église avant qu'ils y fussent. Je vis leur bibliothèque et j'y comptai quarante-six volumes manuscrits, venants de Messieurs de Clermont-Tonnerre, couverts de velours de toutes couleurs, avec plaques de cuivre doré, tous in-folio et tous écrits vers 1450, hors un qui est d'environ l'an 1280 ou 1300, qui est un petit in-folio dont l'auteur parle dès le commencement des Matines appelées Ténèbres, puis il dit qu'il ne déclare pas d'abord son nom, mais qu'il le déclarera par la suite. Ce sont des histoires écrites en françois. Sur la fin on lit les guerres des quatre fils de Lothaire contre le prince Urien; cela, paraît-il, est fabuleux, il y a de ces histoires représentées en dessein. On y voit un *Froissart*, les *Contes de Bocace*, la *Légende dorée*, le *Roman de la Rose* deux fois : une fois d'une écriture du xiv° siècle et petit volume.

Une chronique de France en françois, reliée comme les autres, finissant à la mort de Charles VII, arrivée par le *pezon*, pour dire

---

était la treizième colonie sortie de Pontigny, en 1133. Israël Silvestre nous a conservé trois vues fort curieuses de cet important monastère, au milieu du xvii° siècle, et dont il ne reste que des ruines. Nous en avons réuni les titres ou copies de titres des xii° et xiii° siècles dans un recueil ou cartulaire, dont les éléments nous ont été fournis par les archives de l'Yonne, de l'Aube, de la Côte-d'Or, de la Bibliothèque de Tonnerre et de la Bibliothèque nationale.

(1) Commissey, commune du canton de Cruzy-le-Châtel, faisait jadis partie de la généralité de Paris en la province de Champagne, de l'élection de Tonnerre, du bailliage de Sens et de la prévôté de Molosmes. L'église était le siège d'une cure à la collation du prévôt du chapitre de Chablis.

(2) Soulangis, aujourd'hui hameau de la commune de Tonnerre, cessa d'être une paroisse en 1745, c'est-à-dire quinze ans après le voyage de Lebeuf. C'était le siège d'une prévôté ressortissant du bailliage de Molosmes, et la cure était à la collation de l'abbé de ce dernier monastère. Un pouillé de 1695 dit : *Nullus est curatus, quia religiosi dicti monasterii* (Melugdunensis) *faciunt officium*.

(3) Ce mausolée en cuivre n'existe plus et a été remplacé par un tombeau en marbre.

poison, imprimée chez Verard, en gothique, in-folio, parchemin (1). Tous ces livres sont ornez de belles figures et peintures ou miniatures, même celui qui est imprimé auquel elles ont été ajoutées à la main.

CHABLIES (2). La collégiale est du titre de Saint-Martin. On tourne par derrière cet édifice, qui m'a paru être de vers 1200. Il y a comme des figures de galeries bouchées. Le grand portail est nouveau. C'est à celui qui regarde le midi plus passager que la porte est chargée de quantité de fers à cheval. Les chanoines de cette église suivent le rit de Saint-Martin de Tours : ils ne répondent aux oraisons *Amen* qu'à voix basse, *Et cum spiritu tuo* de même et *Deo gratias* du *Benedicamus*.

(1) Nous avons signalé ailleurs, dans un article intitulé : *A propos de la perte de livres et de manuscrits Tonnerrois* (Annuaire de l'Yonne), les vicissitudes d'un des volumes curieux sorti de cette collection. Les Minimes de Tonnerre, outre les manuscrits signalés ici, possédaient parmi les imprimés un exemplaire sur vélin de *Faits maistre Alain Chartier*, sorti des presses de Vérard. Ce superbe volume, que nous avons pu admirer seulement à la vente Yemeniz, en 1867, est un in-folio gothique à deux colonnes, relié en bois, recouvert de velours vert avec fermoirs en cuivre, renfermant deux grandes miniatures avec lettres initiales en or et en couleur. A la Révolution, les armoiries que ce livre portait sur les plats furent enlevées. Pâris, Mac-Carthy, Heber et Bourdillon, bibliophiles connus, en furent successivement possesseurs. A la vente Bourdillon, en 1847, M. Yemeniz le paya 3,606 francs. A la vente de ce dernier, il fut payé, sans les frais, 11,050 francs. On peut juger de la valeur totale des manuscrits signalés ici par l'abbé Lebeuf, et dont il est également question dans le *Voyage de deux Bénédictins*.

(2) Israël Silvestre a conservé de cette petite ville une belle vue grand in-folio, du milieu du XVIIe siècle. M. Quantin a écrit sur Chablis une notice intéressante dans les premiers *Annuaires de l'Yonne*. On a aussi une petite *Histoire de Chablis*, par Duband, vol. in-12 (très médiocre). On prétend qu'en l'an 510, une abbaye y avait été fondée par Sigismond, roi de Bourgogne, en faveur de Saint Séverin, qui en aurait été premier abbé ; on ajoute que ce monastère fut sécularisé dans la suite. En 865, lors de la translation des reliques de Saint-Urbain et de Saint-Tiburce, de l'abbaye de Saint-Germain d'Auxerre à celle de Saint-Urbain, au diocèse de Châlons-sur-Marne, Héric et sa femme Dodrade, par reconnaissance pour ces saints, alors très révérés, donnèrent à cette abbaye de Saint-Urbain leur aleu de Chablis : *Alodium suum in Cableia situm*. Il y avait aussi, vers le milieu du IXe siècle, un monastère sous le vocable de Saint-Loup, où se réfugièrent, en 867, d'après une donation de Charles-le-Chauve, les chanoines de Saint-Martin de Tours. Notre collection renferme un carton de documents assez curieux sur Chablis.

Rien n'est répondu aux bénédictions des leçons ni à *Tu autem*.

Les chanoines répondent aux grands versets qui ont queue ou neume, et aux petits à *fa in re*. On dit en cette église neuf leçons au temps Pascal. Il y a aussi usage des suffrages et même avec des psaumes dans ces suffrages comme : *Fundamenta* avant le *Sub tuum præsidium*. La sacristie sert de chapitre. Là est ce grand crucifix vêtu d'une soutane et qui a quatre clous. Au calendrier d'un antiphonaire du xiv° siècle, je vis, au 16 mars : *Eugeniæ virginis*. Dans d'autres antiphoniers, au corps de l'ouvrage, commencement de juillet, je lus *Carilephi et Barti* ou bien *Carilephi Hebraci*. C'est le nom d'*Eparchius* défiguré, ce Saint-Cibau (Eparche) est encore actuellement au bref de Saint-Martin. Dans un processionnal manuscrit de quatre cents ans je lis que le chantre fera sermon le jour des Rameaux *in veteri Chableta* à la procession. Il est parlé d'église Saint-Côme, de celle de Notre-Dame et celle de Saint-Pierre.

Dans les vieux antiphoniers le lavement des autels est marqué après l'office des présanctifiées le *Vendredi-Saint, Et lavantur pigmento* en chantant *Circumdederunt me*. Aux processions de la fête des foux : *In processione stultorum processio ordine retrogrado*, souvent il y a *processio circa monasterium*. J'ai lu quelque part que le jour des Innocents les enfants montoient aux hautes stalles. Dans un graduel est aux grandes fêtes un *Kyrie* appellé *Kyrie Theoticha*.

Un des antiphoniers dont les rubriques sont en rouge paroit écrit précisément pour l'église Saint-Martin de Tours. On y lit à la feste de l'Exception de Saint-Martin que les moines de Marmoutier se rendent à l'église de Saint-Martin et y occupent le côté gauche.